बस इतना है तुमसे कहना

स्वयं सुधा

अनंत प्रेम के सागर शंकर गौरी के चरणों में कोटि कोटि नमन

प्रेम की किताब मेरे प्रेम के नाम ....

क्रम-सूची

क्रम-सूची

1. तुम्हे लिखा है

तुम्हे लिखा है मैंने ।
लिखा है कागज़ पर,
कागज़ पर श्याह लिखा है ।
श्याह रंग सा रात लिखा है,
रात, तुम्हे एक बात लिखा है,
बात में तुम्हे जज़्बात लिखा है,
जज़्बात ,तुम्हे हसीन ख्वाब लिखा है,
ख्वाब में तुम्हे याद लिखा है,
याद तुम्हे एक खास लिखा है,
और खास तुम्हे एहसास लिखा है,
हकीकत शायद ये है नहीं पर,
डायरी में तुम्हे मेरे पास लिखा है ।।
और लोग कहते हैं मैं होश में हूं नहीं,
मदहोशी का तुम्हे जाम लिखा है,
और नशे में रहने का काम लिखा है,
मैंने घर की हर दीवार पे तुम्हारा नाम लिखा है ।
हां, तुम्हे लिखा है मैंने ।
बस लिखने का ही काम लिखा है ।।

2. तुम लिखे जा रहे हो

तुम लिखे जा रहे हो,
कभी मेरे किताब के आख़री पन्ने पर,
मेरे नाम के पेहलू ।
कभी किसी कविता के बीच,
मेरे लफ्जों में सिमट कर,
सफ़ेद काग़ज़ में श्याही के रंग से समा रहे हो,
तुम लिखे जा रहे हो ।।
शायद तुम्हारी इजाज़त के बग़ैर,
कभी मेरी जीत में,कभी मेरी हार में,
आंखों के किनारे बैठे मुक्ता के साथ,
मेरे लगभग हर अफसाने में,
तुम लिखे जा रहे हो,बा-इजाज़त न सही,
शायद मेरी किस्मत में भी,तुम लिखे जा रहे हो ।।

3. कयामत,वो पहली मुलाकात

खामोशी ही ,आवाज़ें थीं,
नूर-ए-हवा,परछाई थी ।
तन्हाई भी गुम ,भीड़ में थी,
अपने में ही मस्त मगन वो ।।
कागज़ की कश्तियाँ जो ,
लहरों से थीं,बेख़बर वो ।।
हर रोज़ की तरह ही था वो,
उस रोज जो हुआ हादसा वो ।
समंदर किनारे बैठे हुए थे ,
शामों से बातें किये जा रहे थे ।।
आसमां गहराई से गिरा इक मोती कहीं से,
हाथों में लेकर देखा,
हुआ 'फ़साना शुरू वहीं से ।।
समंदर ने की ऐसी बग़ावत ,
निकल न सके ,सही-सलामत,
तूफ़ानों की चली थी हुकूमत,
कुछ यूं ही थी,वो पहली क़यामत ।।

4. इजाज़त है ?!

मैं तुमसे इश्क़ करना चाहती हूं ।
ज़्यादा कुछ नहीं,
तुमसे इश्क़ करने से पहले,
तुमसे इजाज़त लेना चाहती हूं ।।
धुंधले सपनों को मेरे हक़ीक़त में जीना चाहती हूं,
जो ज़िन्दगी तोड़े मुझे,तुम्हारी बाहों में गिर के रोना चाहती
हूँ ।
तुम्हे पाकर खोना चाहती हूं,और फिर, खो कर पाना चाहती
हूं ।
फ़क़त रूहानी इश्क़ नहीं,मैं तुमसे बाघी मोहब्बत करना
चाहती हूं ।
तुमसे इश्क़ करने से पेहले ,
तुमसे इजाज़त लेना चाहती हूं ।।
हर किताब के आखरी पन्ने पर लिखे नाम को,
अब मेहंदी से सजाना चाहती हूं ।
जिस नाम को सिर्फ़ डायरी में लिखती थी,
अब उसे किस्मत के सीने पर रंगना चाहती हूं ।
मैं तुमसे इश्क़ करने से पहले,
तुमसे इजाज़त लेना चाहती हूं ।।
मेरे घर में एक छोटा सा कमरा हो,
उसे तुम्हारे तस्वीरों से सजाना चाहती हूं,
जो जाऊं में,मंदिर ,मस्जिद,गुरुद्वारा,

ख़ुदा को ज़रिये तेरे बुलाना चाहती हूं ।
धड़कनों में बस के तेरी,दिल सा धड़कना चाहती हूं ।
मैं तुमसे इश्क़ करने से पहले,
तुमसे इजाज़त लेना चाहती हूं ।।
अच्छा, अबकी बार कोचिंग में नहीं किसी कैफ़े में मिलना
चाहती हूं,
गम राहों में खोकर आख़िर में तुमसे मिलना चाहती हूं ।
और बहुत हो गईं मोबाइल पर बातें,
मैं तुमसे रूबरू मिलना चाहती हूं ।
और मानो,इस जनम मिलना तय नहीं है हमारा,
तो क़यामत की रात आज ही करना चाहती हूं ।
मैं तुमसे इश्क़ करने से पेहले,
तुमसे इजाज़त लेना चाहती हूं ।।
अच्छा सुनो,मैंने ख़ुदा की इजाज़त ले ली है,
अब तुमसे मांगना चाहती हूं,
मेरी इबादत पर हक़ तुम्हारा चाहती हूं,
हर रोज़,जो मंज़र हो नज़रों के सामने,
वो चेहरा तुम्हारा चाहती हूं,
हो इश्क़ गहरा तुम्हे भी,शायद यही चाहती हूं ।
पर तुमसे इश्क़ करने से पहले,
तुमसे इजाज़त लेना चाहती हूं ।।
इतना मुझे काफ़ी लग नहीं रहा,
मैं और लिखना चाहती हूं ।
जो कागज़ मेरे पास हो आखरी,
उस पर ज़िक्र सिर्फ़ तेरा लिखना चाहती हूं ।
मैं तुमसे इस क़दर इश्क़ करना चाहती हूं ।
लेकिन,तुमसे इश्क़ करने से पेहले,

तुमसे इश्क़ करने की इजाज़त लेना चाहती हूं ।।
बताओ,इजाज़त है ?!

तुमसे इश्क़ करने की इजाज़त लेना चाहती हूं ।।
बताओ,इजाज़त है ?!

5. पास बुला लो

एक सुख शाम तुम्हारे साथ गुज़ारनी है,पास बुला लो,
मेरे हाथों को तुम्हारे हाथों में रहना है पास बुला लो ।
समंदर,लहरें,डूबता सूरज, तुम और मैं,
समंदर की रेत पे हमारा नाम लिखना है पास बुला लो ।।
हो तेज़ बारिश एक दिन,छाता एक ही हो तो,पास बुला लो,
मुझे तुम्हारे साथ भीगना है पास बुला लो ।
घर पहुंचकर तैलीय से तुम्हारे भीगे बाल सवारदूंगी,
फ़िर तुम्हे एक अदरक वाली चाय पिलानी है,पास बुला लो
।।
मनाऊं होली, पहला रंग तुम्हारा चढ़े,पास बुला लो,
मनाऊं दिवाली,पहला दिया तुम्हारे नाम जले,पास बुला लो
।
त्योहारों को किस लिए मनाऊं ?!
रूठो कभी,मुझे तुम्हे मनाना है,पास बुला लो ।।
तुम्हारे साथ एक नई जगह चलनी है,पास बुला लो,
फ़िर वहीं किसी गली में खोना है,पास बुला लो ।
शायद,एक हसीं रात खुले आकाश के नीचे गुज़ारनी होगी,
उस रात,तुम्हारे कंधे पर सर रख सोना है,पास बुला लो ।।
सुनो ना,दिल उदास है,पास बुला लो,
ज़ेहन में शोर सा है,पास बुला लो ।
Last seen कब तक check करती रहूं ?
तुम्हारे साथ रहना है अब,पास बुला लो ।।

अच्छा,एक आखरी बात,
कुछ कहना हो तो पास बुला लो,
कुछ न भी कहना हो,तब भी पास बुला लो ।
साथ जीना मुमकिन हो न हो शायद,
साथ मरना है,पास बुला लो ।।
बस पास बुला लो ।।

6. मुझे इश्क़ किससे है ?!

इश्क मुझे तुम्हारी आँखों से नहीं,
उनकी बेहिसाब गहराईओं से है ।
इश्क मुझे तुम्हारी आवाज़ से नहीं,
उससे झलकती एजाज़ से है ।
इश्क मुझे तुम्हारे होठों से नहीं,
मुझे सहलाते तुम्हारे हाथों से है ।
इश्क मुझे तुम्हारी सूरत से नहीं,
तुम्हारी पाक सीरत से है ।
इश्क मुझे तुम्हारी बातों से नहीं,
उसमें छुपी तुम्हारे जज़्बातों से है ।
इश्क मुझे तुम्हारे जूनून से नहीं,
तुम्हारे एहसास के सुकून से है ।
इश्क मुझे तुमसे नहीं,
बस तुम्ही से है ।।

7. मिलकर बिछड़ना

हमारी किस्मतों में मिलना लिखा है,
और,मिलकर बिछड़ना लिखा है ।।
तु ज़र्द उस चांद की तरह,
मैं वो अभागन धूप हुं,
मिले तो हम रोज़,
लेकिन मैंने सिर्फ़ तुझे गुजरते देखा है।
तू खिड़की के पास रखा वो ख़त है,
तुझपर लिखी गई मैं श्याहि हूं,
भीग हम दोनो रहे हैं हल्की बरसात में,
और बहा के लेजा रही मुझे को आज़ाद पानी है ।
वो कहता था न तू,
हमारी किस्मतों में मिलना लिखा है,
और,मिलकर बिछड़ना लिखा है ।।

8. तुम्हारी तस्वीरें बातें करती हैं

तुम्हारी तस्वीरें भी बातें करती हैं,

रोज़, घंटों.....

कभी खुदके दिल का हाला सुनाती है,

कभी मेरे दिल का हाल पूछती है ।

रातों में गाने गाकर सुलाती है,

सुबह ख़्वाबों में आकर जगाती है ।

कभी कहानी - किस्से याद दिला कर हसाती है,

तो,कभी हकीकत बयां कर रुलाती है ।

आंखों से ही बहुत कुछ कह जाती है,

और न जाने कितना मेरी सुन जाती है ।

खामोशी की सुकून कैसी होती है, उसे पता है,

इसलिए तो बिना आवाज़ ही सब कह जाती है ।

तुम्हारी तस्वीरें भी ख़ूब बातें करती है,

जैसे तुम किया करते थे,

रोज़, घाटों.......

९. खयाल - ए - इश्क़

हाँ, इश्क़ है तुमसे ।
ये जानने के बावजूद,
ये ख़त्म कैसे होगा ।
आखिर में कुछ ज़िंदगियाँ बर्बाद होंगी ,
कुछ परिवार बिखरेंगे ,
हम दोनों ही बस एक अधूरी कहानी के,
दो ऐसे किरदार बनके रह जाएंगे,जिन्हें किसीने पढ़ा ही
नहीं ।
किसीको को तो टूटना पड़ेगा,है ना !?
क्यूँ ना,में इस कहानी में शीशा बन जाऊं !?
एक दिन टूटना तो है,
क्यों न तुम्हे खुदमें देख कर टूट जाऊँ ।।
पता है,
हर दफ़ा, जब तुमसे मुलाकात होती है,
मुझे उस खुले आसमान में वो अकेला तारे की याद आती
है ।
जिसे में आंखें भर कर देखती हूँ ।
खयूंकि मुझे पता है,जो हम चाहे,वो सब कुछ हमारा नही
हो सकता ।
तुम भी इस तारे की तरह हो,जो सुकून तो बहुत देता है,ये
कहकर की,देखो में तुम्हारे साथ हुन ।
लेकिन,उसकी बातों में छुपी होती है एक महफूज़ दर्द,

तुम सिर्फ मुझे देख ही सकती हो ।
कोई बात नहीं,आसमान भी तो ज़मीन से मिलने की आस
में बारिशें करती है,पर मिल नही पाती है ।
और ,ज़मीन आसमान तक बदलूँ को भेज पति है ।
में भी बस तुम तक दुआएं भेज सकती हुँ ।
दुआ मेरी कुबूल करो ।।

10. गुमनाम

कुछ तो है जो टूट रहा है,
शीशा,सपना,दिल ?!
टूटने की आवाज़ तो है ही नहीं,
कुछ पीछे छूटने की है शोर कहीं ।।
हाँ,है कुछ ऐसा जो पीछे छूट रहा है,
हाथ,साथ,रंग गुलाल ?!
पीछे से पुकार की उम्मीद नहीं है,
बस लौट आने की आस बची है ।।
बिलकुल,कुछ लौट भी रहा है,
रात,जज़्बात,वक्त ?!
दस्तक होगी नहीं,पता है,
पर जहां मुलाकात होगी, पता पता है ।।
पाते से याद आया,ख़त भेजा था,मिला नहीं ?!
तुमने जो भेजा था मुझे,
उसमें अपना पता गलत लिखा था क्या ?!
जो तुमने भेजा था,वो भी आज तक मिला नहीं ।।
पीछे साल,कुछ भेजा था,
ख़ाली ख़त,किताब और एक फ़ूल,
मिलजाए,तो फ़ूल रखलेना,
क़िताब को खोल पढ़लेना,
और ख़त भरदेना, मेरे नाम,
और दोबारा भेज देना,

इसबार सही पाते पर ।
मेरा पता,नहीं पता ?!
छोड़ो,मुझे भी नहीं पता ।।
मगर, नाम लिखदेना - गुमनाम ।।

11. फ़िर हो न हो

एक लम्हा साथ बिताओगे क्या ?
ना जाने फ़िर वक्त हो न हो ।
अपनी दिल की बात बताओगे क्या ?
ना जाने फ़िर बात हो न हो ।
एक आखरी बार,मेरे हाथ हाथों में लोगे क्या ?
ना जाने फ़िर ये साथ हो न हो ।
तुम यहां हो, मैं यहां हूं, इसीमें खुश हूं,
ना जाने फ़िर ऐसी रात हो न हो ।
मैं तुम्हारे नाम बहुत से ख़त लिखदेती हूं,
ना जाने फ़िर अल्फाज़ हो न हो ।
तुम उन्हें अपने करीब रखना,और महसूस करना मुझे,
ना जाने फ़िर मुलाकात हो ना हो ।
आज की रात आखरी मान कर ही मिल लो ना,
ना जाने फ़िर सुबह हो ना हो ।

12. गुलाब और तुम

कल रात मैंने एक ख़्वाब देखा,

ख़्वाब में जलता हुआ एक गुलाब देखा,

और देखा मैंने तुम्हे,उस गुलाब के साथ,

जो तूमने अपने बेदाग शर्ट की पॉकेट में रखा था ।

सफ़ेद शर्ट, सुर्ख़ गुलाब,और आग की लपटें धीमी,

बावजूद इसके गुलाब की खुशबू अफ़ीमी ।

तुमने बताया नहीं उस गुलाब का राज़ ?

मैंने पूछा था न तुम्हे....

बस चुप-चाप उसे मेरे हाथ में थमा दिया,

कुछ लपटें उठीं थी, मेरा हाथ जलाने,

लेकिन जला नहीं पाईं, न जाने क्यों ।

और ख़ामोश पता नहीं तुम कहां चले गए ?

तुम्हारी शर्ट पर बनी थी एक सुर्ख़ी रेखा,

जिसे तुमने छुपा लिया बड़े घुले अंदाज से ।।

कल रात मैंने एक ख़्वाब देखा,

ख़्वाब में जलता हुआ एक गुलाब देखा,

और देखा मैंने तुम्हे,उस गुलाब के साथ ।।

13. कल की बात लगती थी

ये भी अर्सा ख़त्म होने आया है,
आगाज़ जिसका कल की बात लगती थी ।
मैंने तुझमें वो अर्सा भी जिया है,
और ये बात तुझे बेगानी लगती थी ।
शायद तू भूल चुका है वो रातें,
उन रातों की बेहिसाब बातें,
जो तुझे एक ज़माने में जश्न-ए-बहार लगती थी ।
बे -इल्म है तू,जाना,किस हद्द की मोहब्बत थी मेरी,
तू लेता गुलाब था और कांटे मुझे लगती थी ।।
ये भी अर्सा ख़त्म होने आया है,
आगाज़ जिसका कल की बात लगती थी ।।

14. सुनोगे ?

कुछ हसरतें हैं मेरी,सुनोगे ?
सोने से पहले तुमसे बात हो,
ख्वाबों में एक हसीं मुलाकात हो,
जैसा मुझे तुमसे है,
वैसा तुम्हे भी मुझसे हो,
इज़हार-ए-इश्क़ कुबूल हो,
इंकार हर फुर्कत हो,
सोने से पहले तुमसे बात हो,
ख्वाबों में एक हसीं मुलाकात हो ।।
कुछ हसरतें हैं मेरी,सुनोगे ?

15. एक दिया

तेरे खातिर एक दिया मैंने जलाए रखा है,
आँखों को भी अर्से से जगाए रखा है,
शामें बेरंग,रात बीन चांद यूं ही नहीं गुज़री,
एक मुलाकात की उम्मीद
अभी भी छुपाए रखा है,
तेरे खातिर एक दिया मैंने जलाए रखा है ।।
एक कसम तो उस दीये को भी दिया था,
तेरा अक्श बदन पर है लिए,
खुदको उनसे सजाए रखा है,
इस दिवाली,
तेरे खातिर एक दिया मैंने जलाए रखा है ।।

16. हमारी गली आया करो

हमारी गली आप आया करो,

बे - इजाज़त सही,

हमसे बात किया करो,

हम भी आपसे बात करना चाहते हैं,

और कुछ है जो बताना चाहते हैं,

आपके लिए लिखी शायरी आपको सुनना चाहते हैं,

हमारी बनाई तस्वीर आपकी दिखाना चाहते हैं,

अरे,आप समझो न,जाना,

और कितना साफ़ कहें ?

हम आपसे वो कहना चाहते हैं,

जो हम आपसे छुपाना चाहते हैं,

हमारी गली आप आया करो,

बे - इजाज़त सही,

हमसे बात किया करो ।।

17. बातें अधूरी रह गईं

हमने वक्त से बीन पूछे ही,
लब सी लिए अपने,
और रहने लगे किसी अनजान नगरी,
उनसे दूर, कोसो दूर ।
दरमियां ना अब कोई राबता था,
ना वो हसीन रातें,
ना अंधेरों के चादर तले हो रही चुपके बातें,
ना उनका हमारा हाल पूछना रहा,
और ना हमारा उनसे ज़िद्द करना ।
यू ही,
बातें अधूरी रह गई ,
और हमने वक्त से बीन पूछे ही,
लब सी लिए अपने ।।

18. एक शहर

चलो तुम्हे एक शहर दिखाने ले जाऊं,
वहाँ तुम देखना,एक मंदिर होगा,
मंदिर में कृष्ण सी मूर्ति होगी,
और होगी एक मीरा सी जोगन ।
उस मीरा के हाथ में होगा एक इकतारा,
वहाँ बैठ तुम सुनना उस बावरी के गीत,
और समझना उस दरस दीवानी
के आँखों की दशा ।
शहर के बीचों - बीच बहती है एक नदी,
नदी के किनारे होगा एक पेड़,
पेड़ के नीचे बैठी होगी एक राधा सी घायल,
हाथ में होगी उसके एक बांसुरी,
तुम वहां बैठ सुनना उस प्रेम प्यासी के धुन,
और समझना उस धुन की पुकार ।।
हां,अगर समझ पाए तो जरूर कहना मुझसे,
उस मीरा और राधा के कृष्ण तुम ही थे ।
चलो तुम्हे एक शहर दिखाने ले जाऊं,
आओ,आज तुम्हे अपने ही
ज़मीर के शहर घुमा लाऊं ।।

19. उसे कभी पता नहीं चलेगा

उसे कभी पता नहीं चलेगा,
उसपर मरते-मरते मैंने कितना जी लिया ।
उसे कभी पता नहीं चलेगा,
चाँद को देखते-देखते उसे कितना याद कर लिया ।
उसे कभी पता नहीं चलेगा,
उसके नाम को कितनी दफ़ा मेरे नाम से जोड़ कर लिख
लिया ।
उसे कभी पता नहीं चलेगा,
आईने में देख कितनी देर उसकी तस्वीरों से बातें कर
लिया ।
उसे कभी पता नहीं चलेगा,
कितनी चिट्ठियाँ उसके नाम लिखकर मैंने खुदके पास रख
लिया ।
उसे कभी पता नहीं चलेगा,
सजदे में उसे कितने मर्तबा मांग लिया ।
उसे कभी पता नहीं चलेगा,
कितनी बार मैंने उससे सपनों में मिल लिया ।
उसे कभी पता नहीं चलेगा,
उससे मुझे कितनी मोहब्बत है,
उसे कभी पता नहीं चलेगा ।।

20. एक शक़्स

एक शक़्स,
जिसका चेहरा मेरे ज़ेहन से निकलने को तैयार ही नहीं ।
एक शक़्स,
जिसके खयाल मेरे खयालों से निकलने को तैयार ही नहीं
।
एक शक़्स,
जिसने मेरी आँखों को घर बनाया है ।
एक शक़्स,
जो हमेशा आँखों के किनारे ही बैठा रहता है ।
एक शक़्स,
जो मेरी कलम से खुदको लिखता है ।
एक शक़्स,
जो बार बार धड़कनों पर दस्तक देता रहता है ।
वो एक शक़्स,
जो मेरा कुछ न होकर भी मेरा सब कुछ सा लगता है ।

21. काश

काश किसी दिन ये काश पूरा हो जाए,
मैं मांगू उसे,और मेरी दुआ कुबूल हो जाए ।।
हां,तलब लगती है उसके एक दीदार को,
और नैना ये तकती हैं उसके तस्वीर वाले दीवार को,
काश कुछ यूं हो के वो मेरा घर हो जाए,
मेरे सुबह-शाम,दिन-रात,बस उसी के नाम हो जाए ।
और,रिश्वत भी खूब दिए मैंने खुदा को,
के उसी के साथ जोड़ दो मेरी किस्मत को,
काश दौर-ऐ-हिज्र की रुख़सत जल्द हो जाए,
काश के मंज़ूर खुदा को मेरी हसरत हो जाए ।
काश किसी दिन ये काश पूरा हो जाए,
मैं मांगू उसे,और मेरी दुआ कुबूल हो जाए ।।

22. पत्थर के सनम

ज़माना गया वो चिट्ठियों का,
अब तो देर नहीं लगती दीदार को,
दिलबर तो ज़र्रे भर की दूरी पर है,
फिर भी किसी हसीन
इत्तेफ़ाक की आस लगी है इस दिल को ।
और वो बेख़बर है नहीं इस बात से,
हमें तलब लगती है उसके एक पुकार को,
नजाने कैसा पत्थर है मेरा सनम,
जान - बूझ कर सुखाता रहता है मेरे जान को ।

23. तुम में शामिल

तुम्हे मेरी किताब से मिटाने की कोशिश करते करते,

जब मैं उन अधूरे पन्नों पर पहुंचती हूं,

ऐसा लगाता है, मानो,

शहर भर घूम कर आख़िर में घर पहुंचना,

जो खाली हो, फ़िर भी सुकून सा एहसास हो ,

मकान किराए का हो, फ़िर भी अपनापन सा महसूस हो,

जहाँ तन्हाई भी गले से लगती है,और कहती है,"तुम मेरे
हो"

ग़म हजार हों,साथ में जुड़ी यादों की हिम्मत शामिल हो,

कुछ अधूरे ख्वाहिश,कुछ अधूरे सपने,

और उस अधूरेपन में मुकम्मल सा एहसास हो ।

तुम्हे खोने की कोशिश में तुम्हे फ़िर पा लेना,

कुछ ऐसा ही लगता है ।

नाकामयाबी भी कामयाब सा लगता है ।।

इसलिए शायद,चाहत है,

मैं तुम में कितनी हूं, पता तुम्हे भी तो हो,

तुम में शामिल होने की रज़ा तुम्हे भी तो हो ।।

24. ज़िद्द

ख़ाहिश आज बातें करने की थी,
तुम जाने की तो जिद्द करने लगे ।
हम उस रोज जो खामोश थे,
उस दफ़ा भी तुम मुझे सुनने की जिद्द करने लगे ।।
और,इस कदर तुम ज़िद्दी हो,
की,ज़िद्द पूरी न हुई तो
ज़िद्द पूरी करने की जिद्द करने लगे ।।

25. बदनाम नाम -इश्क़

नाम इश्क़ का तो यू ही बदनाम हो गया ,
ज़माने के लिये तो,
रब का पैग़ाम भी आम हो गया ।।
ये कैसा मेरे उंस के मिश्र का अंजाम हो गया,
सरे-आम ही तेरे नाम का इल्जाम हो गया,
और,आँखों के सामने ही,
मुक़ाम के हमारे क़त्ल-ऐ-आम हो गया ।।

26. कैसे ?!

हाँ !?
कैसे करें हमारी इश्क़ की दास्तां को मुकम्म्मल,
यहाँ तो प्यार का पहला हर्फ़ ही अधूरा है ।।
और,याद है,मैं अक्सर खुदको राधा और तुम्हे कृष्ण कहा
करती थी ,
तभी तो हमारा मिलना भी अब
अगले जन्म ही होना है ।।

27. बस की बात नहीं

मुझसे बात न करके,
मुझे भूल जाने की सोच रहे हो !?
शायद ये आपकी बस की बात नहीं ।
और,मैं हक़ीक़त आपको मानकर,
आपको झुठला दूँ
शायद ये मेरे बस की बात नहीं ।।
कश्मकश ये ख़त्म होगी, नहीं,
अब इस आफ़ताब को बुझा देना,
शायद ये हमारे के बस की बात नहीं ।।

28. दोस्ती और प्यार

इश्क़ को दोस्ती कहकर,
सवाल टाल दिया करते हैं ।
छुपाने की कोशिश में,
राज़-ऐ-दिल खोल दिया करते हैं ।।
तुम पूछते हो,मैं ही क्यों !?
जवाब में हम अक्सर सवाल दे दिया करते हैं ।।
और,माफ़ करना हमें इस गुस्ताख़ी के लिए,
खोए सुधबुध को हम नादानी का नाम दे दिया करते हैं ।।

29. क्या रखा है ?

नशा तेरी नज़रों का किया,
जाम-ऐ-जश्न में क्या रखा है !?
राज़-ऐ-दिल भी इशारों में बताना,
अल्फाज़-ऐ-ज़ुबां में क्या रखा है !?
झांकना कभी मेरे निगाहों में,
जिस्म-ऐ-हुस्न में क्या रखा है !?
बताना कभी फ़ुरसत में,
के मेरे लिए,उस ज़मीर में क्या रखा है ।।

30. आज कुछ वक्त साथ बिताएं !?

आज कुछ वक्त साथ बिताएं !?
कल अलग अलग तो जाना ही है ।
किया जाए क्या unblock जज़्बातों को !?
कल एक दूसरे को block तो करना ही है ।
वक्त एक ऐसा भी होगा,
जब इत्तफ़ाक़ से मिलना तुमसे contactlist में होगा,
और, नाम भी तुम्हारा आख़री chatlist में होगा ।
वक्त एक ऐसा भी होगा ।
जब रातों को हम जागा नहीं करेंगे,
इंतेज़ार किसीके text का किया नहीं करेंगे ।
न gd mrng की महफ़िल सजेगी,
और,न gd ni8 का हम दीदार करेंगे ।
तो,आज कुछ वक्त गुज़ारें एक दूसरे के साथ !?
वैसे तो,होनी भी नहीं है हमारी मुलाकात ।

31. आज लिखा नहीं जा रहा

आज लिखा नहीं जा रहा हमसे,
कागज़ भी नाराज़ है खुदसे,
श्याही जो कलम की नोक पर बैठी,
इंतेज़ार करती थी तुम्हारे ज़िक्र भरका,
वो भी खफ़ा आज तुमसे ।
आंसू तो आजकल आंखों के किनारे बैठे ही,
रो दिया करते हैं ।
साँसे हमारी और आने से पहले ही,
अपना रुख मोड़ दिया करते हैं ।
अब क्या हाल बताऊं मैं अपना ,
हालात भी मुझे मेरे ही हाल पर अब,
छोड़ दिया करते हैं ।।

32. प्यार का ख़त

प्यार का ख़त लेकर,
आज क्यों आये हो !?
जिस हर्फ़ को मिटाना ही है,
उसे क्यों लिखकर लाये हो !?
और तुम जिस इश्क़ की बात कर रहे हो,
वो अब हमसे नहीं होगा,
फ़िर भी,जान बूझकर,
ये मुक़द्दर का लेख,
क्यों लिखकर लाये हो !?
क्यों मेरे पास आज आये हो !?
पैग़ाम तो कोई था नहीं,
फ़िर, क्यों मेरे पास आज आये हो !?

33. क्या किया जाए ?

क्या किया जाए !?
जब जान ही जान लेने बैठा हो ।
जब साँसे बस हवा बन चल रही हो ।
नींदे जब उसी की ख्वाब के ख्वाइश में,
खुद नींद में चली जाए ।
बस यूं ही बेवजह जिये चले जा रहे हैं ।
और तुम निकलो कभी शैर पर,
फिर,अपने ही शहर में खो जाओ यू,
की,पता का भी पता फिर न मिले ।
और,न ही तुम्हे पता चले,
की,तुम खो गए हो एक जानी पहचानी गली की,
किसी अनजान रास्ते पर।
न घर वापिस आने की गुंजाइश है,
न,नए रास्ते ढूंढने की आज़माइश ।
क्या किया जाए !?
तुम खुद बताओ,
क्या किया जाए !?

34. सागर किनारे

पता चला आज सागर किनारे बैठे हो,
और तुमने कसम दी है दिल को न धड़कने की,
क्यों !?
लेहरों ने दिलाई क्या, किसीकी याद !?
या, हवाओं ने पूछी तुमसे किसीकी बात !?
खारे पानी में भीगे रेत भी तो तुमसे मीले होंगे,
उन्होंने पूछा ज़रूर होगा तुमसे तुम्हारा हाल ।
और, गहरे समंदर के बीच से आई होगी एक सदा,
उन गहराईओं में छुपे सीपियों से ।
उनसे मैंने कहा था, तुम्हे कहने को मेरा सलाम ।।
कहा क्या उन्होंने !?
सुनी क्या तुमने वो आवाज़ !?
झलक थी क्या मेरी उन लम्हों में !?
नाम लिया क्या मेरा लहरों ने !?

35. न तुम तुम रहे, न मैं मैं

लोग कहते हैं,
वक्त के साथ सब ठीक हो जाता है ।
पर इन यादों का क्या किया जाए ?
हालाकि,ये वक्त के साथ धुंधली पड़ जाती हैं,
लेकिन, ख़त्म तो नहीं होती ।
कुछ हैं ऐसी अधूरी यादें, अधूरे लम्हे,
जो,न मेरे हैं,न तुम्हारे,बस,हमारे हैं ।
उन यादों में आज भी,
उस अनकही बात का एहसाह है,
जो,न तुम कह सके,न मैं ।
हाथ तो दोनों ने आगे बढ़ाया था,
लेकिन,न तुम पकड़े,न मैं ।
शायद इसी का असर था,
हमारे साथ होने के आख़री कुछ दिनों में,
न तुम तुम रहे,न मैं मैं ।।

36. अभी न जाओ छोड़ कर

हर बार जब वक्त आता था,अपने अपने रास्ते जाने का,
तुम्हारे और मेरे अलग होने का,
जब एक दूसरे को अलविदा कहते थे,जाने से पहले,
काश तुमने पीछे मुड़ कर कभी देखा होता,
मैं वहीं खड़ी रहती थी,उसी मोड़ पर,
तुम्हारी उन खूबसूरत आंखों के,एक आख़री झलक के
उम्मीद में,
या शायद,
तुम्हारी मौजूदगी का वो एहसास को खो देने का डर,
मुझे वहां से जाने नहीं देती थी ।
अजीब सी बेबसी थी,
तुम आंखों से उझल होने तक गुनगुनाती थी,
"अभी न जाओ छोड़ कर,
के दिल अभी भरा नहीं ।।"

37. इंतज़ार 1.0

ज़िन्दगी अब शायद तुम्हारे इंतेज़ार में ही गुज़र जाएगी,

लौटने का वादा करके,तुम चले तो गए,

लेकिन तुम्हारी राह देखते देखते ही,शायद ये साँसे निकल

जाएगी ।

हाँ, पता है मुझे,

तुमसे कहने से डरती हूं मैं,

कहीं तुम बदल न जाओ,

पर बातों बातों में इशारा भी तो करती हूं मैं ।।

तुम्हे दिप से चाहती हूं मैं ।।

कितना अजीब है ना,

तुम्हे पाया नहीं है,

फ़िर भी,तुम्हे खोने से डरती हुन मैं ।।

क्योंकि,तुम्हे दिल से चाहती हूं मैं ।।

अब,बताने की तो हिम्मत नहीं है मुझमें,

शायद ये पढ़कर ही समझ आजाए तुम्हे,

के,कितना दिल से चाहती हूं तुम्हे ।।

38. इंतज़ार 2.0

इंतज़ार रहेगा मुझे,
जब तुम मेरे मोबाइल स्क्रीन से निकला कर,
मेरे सामने खड़े होगे ।
जब मेरी दुआ कुबूल होती सी नज़र आयेगी,
तुम्हे सामने देख बेज़र्फ कविता बरस आयेगी,
वक्त को वहीं रोकने की नाकाम कोशिश की जाएगी,
वो ' hi' जो अक्सर महज़ text हुआ करती थी,
अब आवाज़ सी बन हकीकत में घुल जाएगी ।
इंतज़ार रहेगा मुझे.....
उस एक मुलाकात की,
जो ज़रूरी ही नहीं,
जरूरत भी है,
इंतज़ार रहेगा मुझे.....

39. हम मिलेंगे कहीं

ज़िन्दगी के उस पार जाने से पहले,हम मिलेंगे कहीं,
जिस जगह सही और ग़लत के मिलते होंगे दरिया,
मुलाकात होगी,हमारी वहीं ।।
जाने से पहले, हम मिलेंगे कहीं ।।
सपनों का जहाँ हो लेकिन हक़ीक़त हो वक्त,
फ़िरसे, हम मिलेंगे वहीं ।।
न हो बिछड़ने का डर,न साथ होने की ख्वाइश,
ऐसी जगह बस मिल जाये कहीं,
हमारी मुलाकात होगी वहीं ।।

25/10/2021
12/03/2022
22/03/2022